Originally published in Japan by PIE International

Under the title はじめての なぜなにふしぎえほん みのまわりのぎもん
(*My First Book of Questions and Answers for the World Around Me*)
© 2022 akemi tezuka / PIE International
Original Japanese Edition Creative Staff:
監修 大﨑章弘 里 浩彰 坪井淳子 松谷良佑
え・ぶん てづかあけみ
デザイン 村田弘子
編集 筒井由佳

Korean translation rights arranged with Enters Korea Co., Ltd., through Tohan Corporation, Japan

All rights reserved. No part of this publication may be reproduced in any form or by any means, graphic, electronic or mechanical, including photocopying and recording by an information storage and retrieval system, without permission in writing from the publisher.

이 책의 한국어판 저작권은 (주)엔터스코리아를 통해 저작권자와 독점 계약한 내일도맑음에 있습니다.
저작권법에 의하여 한국 내에서 보호를 받는 저작물이므로 무단 전재와 무단 복제를 금합니다.

알수록 신기한
초등 과학 그림책

테즈카 아케미 지음
권영선 옮김

내일도맑음

시작하며

■ 이 책을 읽는 어린이들에게

이 책에서는 집에서, 밖에서, 학교에서 어린이 여러분이 처음 만나는
주변의 신기한 것들에 대해 '자연→생물→몸→생활' 순으로 소개하고 있어요.

이 책 속에는, 현재의 연구에서는 확실히 밝혀지지 않은 것들도 있어요.
그런 부분은 지금 전해지고 있는 여러 가지 설을 적어 놓았어요.

이 책에서 거리나 길이, 크기, 무게, 온도, 시간이나 일수 등에 관한 숫자는
어린이들이 알기 쉽게 어림으로 표기해 놓았어요.

■ 이 책을 읽는 방법

① 호기심에 대한 질문

② 질문에 대한 답

③ 카테고리

④ 주제

⑤ 소재

⑥ 답에 대한 설명

그림을 사용해 답과 그 이유를 설명하고 있어요.

⑦ 지식 넓히기

호기심에 대한 질문을 더 생각할 수 있어요.
그 밖의 호기심이나 관련된 일을 적어 놓았어요.

차례

자연 P.6 ~ P.27

생물 P.28 ~ P.49

- 8 지구는 어떻게 탄생했을까?
- 10 지구는 어떻게 회전할까?
- 12 발밑 땅에는 무엇이 있을까?
- 14 바다는 얼마나 깊을까?
- 16 산은 어떻게 생길까?
- 18 오로라는 왜 생길까?
- 20 눈은 왜 내릴까?
- 22 태풍과 회오리는 무엇이 다를까?
- 24 날씨는 왜 변할까?
- 26 하늘을 보면 내일 날씨를 알 수 있을까?

- 30 동물의 수는 얼마나 될까?
- 32 동물에게도 가족이 있을까?
- 34 동물은 잠을 얼마나 잘까?
- 36 동물은 밤이 되면 무엇을 할까?
- 38 바다에 사는 동물은 밤이 되면 무엇을 할까?
- 40 동물은 꼬리가 있는데 왜 사람은 없을까?
- 42 개의 기분 좋은 듯한 몸짓은 알고 있는데 또 다른 몸짓이 있을까?
- 44 철새는 어디에서 와서 어디로 갈까?
- 46 벌레는 왜 나무에 모여들까?
- 48 추워지면 왜 잎은 떨어질까?

몸 P.50 ~ P.71

생활 P.72 ~ P.89

- 52 우리 **몸속**이 물로 이루어져 있다는 게 사실일까?
- 54 **뼈**는 전부 몇 개 있을까?
- 56 **눈**은 왜 두 개 있을까?
- 58 **귀**를 틀어막아도 왜 소리가 들릴까?
- 60 지금 몇 시 정도인지 어떻게 **시간**을 알까?
- 62 음식이 **대변**이 될 때까지는 얼마나 걸릴까?
- 64 **뇌**는 머릿속에서 무엇을 하고 있을까?
- 66 긴장을 하면 왜 **소변**이 마려운 걸까?
- 68 **근육**은 어떤 살일까?
- 70 **피부**는 무엇을 위해 있을까?

- 74 **물**은 하루에 얼마나 사용할까?
- 76 **옷**은 왜 사람만 입을까?
- 78 왜 **여름**은 덥고, **겨울**은 추울까?
- 80 **불**은 얼마나 뜨거울까?
- 82 **비누**를 사용하면 왜 깨끗해질까?
- 84 **지우개**는 어떻게 지워질까?
- 86 **일기 예보**는 어떻게 할 수 있을까?
- 88 **인터넷**은 뭘까? 어떤 것을 할 수 있을까?

- 90 찾아보기

자 연

지구

P.8 지구는 어떻게 **탄생**했을까?

P.10 지구는 어떻게 **회전**할까?

P.12 발밑 **땅**에는 무엇이 있을까?

P.14 **바다**는 얼마나 깊을까?
세계에서 가장 깊은 곳

P.16 **산**은 어떻게 생길까?
세계에서 가장 높은 산

기상

P.18 **오로라**는 왜 생길까?

P.20 **눈**은 왜 내릴까?

P.22 **태풍**과 **회오리**는 무엇이 다를까?

P.24 **날씨**는 왜 변할까?

P.26 하늘을 보면 내일 **날씨**를 알 수 있을까?

지구는 어떻게 탄생했을까?

답: 우주에서 일어난 별의 대폭발이 시초야.

별이 폭발해서 생긴 가스나 티끌이 모여,
지금으로부터 약 **46억 년 전** 우주에 커다란 소용돌이가 일어났어.
소용돌이의 중심은 태양. 소용돌이는 태양 주위를 빙글빙글 돌다가 차가워져서
작은 돌이나 철을 만들기 시작했어.
소용돌이 속에서 돌이나 철이 서로 부딪치며 달라붙다가
점점 커져 가는 사이에 몇 개의 별이 생겼어.
이렇게 해서 생겨난 것이 **'태양계'** 라는 별의 집합.
그중 하나가 지구야.

아주 옛날에 지구는 작은 알갱이였어.
작은 별이 많이 부딪치다가 점점 커져서
빨간 진흙투성이의 뜨거운 덩어리가 된 거야.
그 후 긴 시간에 걸쳐 열이 식었고, **1,000년** 가까이 계속 내린 비가 바다를 만들었어.
지금의 지구처럼 바다와 육지가 생기기 시작한 것은 약 **40억 년** 전의 일이야.

지구는 어떻게 회전할까?

답: 지구의 회전 방법에는 두 종류가 있어.

지구가 하루 동안 빙 도는 것을 **'자전'**이라고 해.
창문으로 보이는 태양이나 별이 움직이는 것은
지구가 돌고 있다는 증거야.
지구는 시속 약 **1,700킬로미터**로 돌고 있어.
태양 쪽을 향하고 있을 때에는 낮, 그 반대편일 때가 밤이야.

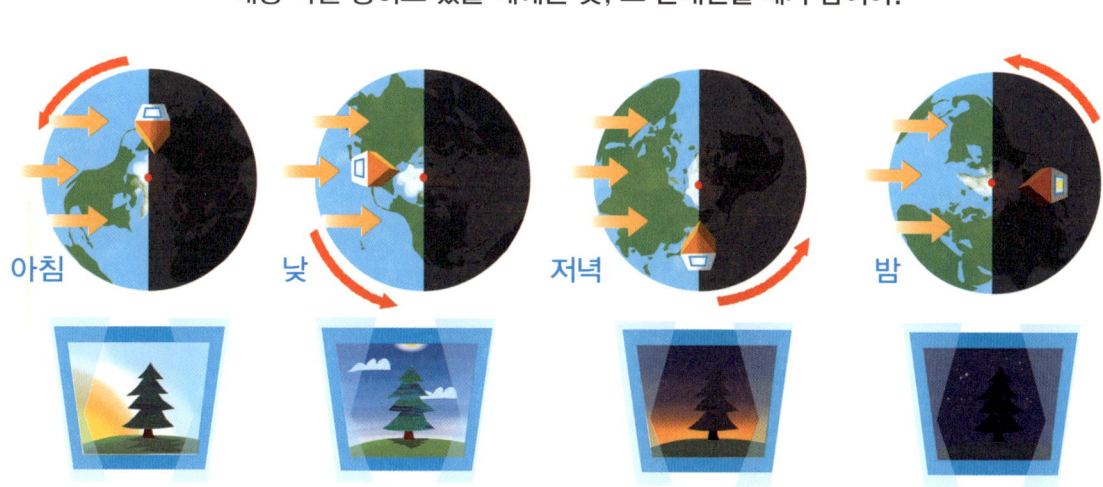

아침 / 낮 / 저녁 / 밤

지구가 태양 주위를 1년 동안 한 바퀴 빙 도는 것을 **'공전'**이라고 해.
시속은 무려 약 **110,000킬로미터**. 굉장한 스피드로 우주선처럼 돌고 있어.

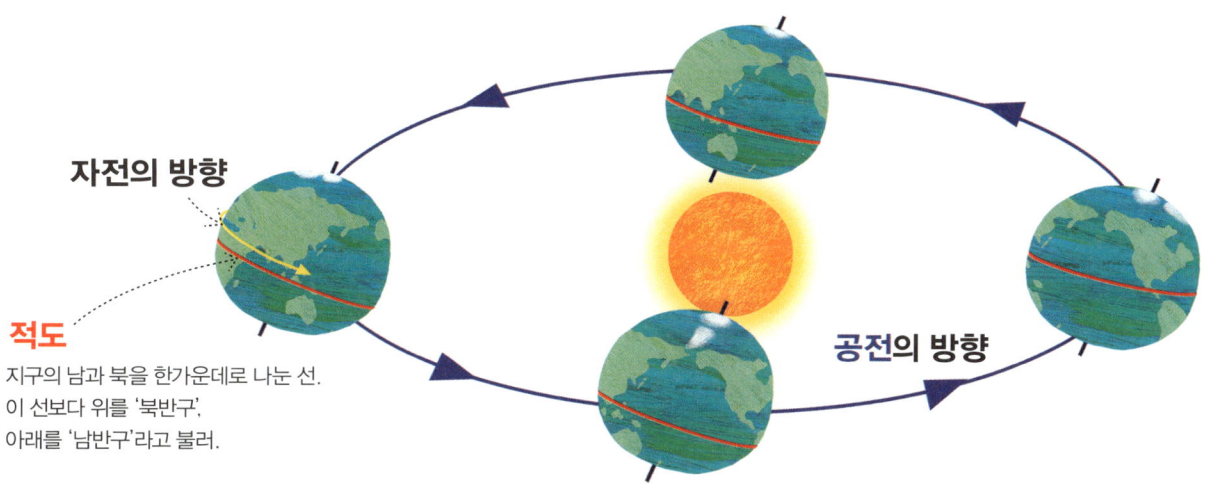

자전의 방향

적도
지구의 남과 북을 한가운데로 나눈 선.
이 선보다 위를 '북반구',
아래를 '남반구'라고 불러.

공전의 방향

발밑 땅에는 무엇이 있을까?

> **답** 깊이에 따라 특징이 있어.
> 옛날 일도 많이 알 수 있어.

우리의 발밑 근처는 **'표토'**.
식물이 뿌리를 뻗고 있거나,
생물이 살고 있지.
식물의 영양이 되는 것이나,
수분이 많아.

조금 깊이 들어가면 **'심토'**.
점토처럼 딱딱한 흙이 있는 곳.

더 깊이 들어가면 **'암반'**.
많은 바위가 모인 곳.
흙 속에 서서히 스며든
물이 나오지.

그리고 옛날 생물의 화석이나,
옛날에 생긴 돌도 묻혀 있어.
조사해 보면 그 장소에서
옛날에 무슨 일이 일어났는지
많이 알 수 있어.

땅 밑은
지구의 타임캡슐일지도 몰라.

바다는 얼마나 깊을까?

> **답** 세계에서 가장 높은 산인 에베레스트산도 가라앉아서 안 보일 정도로 깊어.

바다는 아주 깊어. 평균 깊이는 **3,800미터**.
높이 약 **8,849미터**의 에베레스트산도
가라앉아서 안 보일 정도로 깊은 곳도 있어.

■ 세계에서 가장 깊은 곳

'마리아나 해구'라는 해저의 틈으로, 깊이는 **10,920미터**.
북서태평양 마리아나 제도 근처에 있어.

이 지구상에서 가장 깊은 곳을 탐사하기 위해 여러 번 도전한 역사가 있어.
1960년 2인승 트리에스테호가 세계에서 처음
가장 깊은 해저까지 잠수하는 데 성공했어.
2012년에는 딥시챌린저호가 **10,898.4미터**까지
잠수하는 데 성공했어. 1인승 중에서는 처음이었어.

산은 어떻게 생길까?

답: 지구의 땅을 움직이고 있는 커다란 힘에 의해 생긴 거야.

산이 생기는 방법에는 두 종류가 있어.

분화

땅 밑에 있는 바위가 질퍽질퍽하게 녹으면 '마그마'가 지상에 내뿜어져.
그렇게 분화한 마그마가 식어서 굳으면 산이 생기는 거야.
그것을 여러 번 반복해서 산이 된 것이 일본의 후지산이야.

땅의 충돌

지구의 표면은 플레이트라고 불리는 아주 커다란 판으로 뒤덮여 있는데,
조금씩 움직이고 있어.
플레이트는 각자 여러 방향으로 움직이고 있어서
반드시 충돌하는 경우가 생겨.
부딪치는 힘은 땅의 모양이 달라질 정도로
아주 강해.
오랜 세월,
계속해서 꾹 밀린 땅이
높은 산을 만들지.

■ 세계에서 가장 높은 산

에베레스트산의 꼭대기에는 조개의 화석이 있어.
아주 옛날에는 바다의 밑바닥이었던 거지. 지금도 조금씩 높아지고 있어.

에베레스트산

자연 / 지구 / 산

오로라는 왜 생길까?

답 태양에서 솟아나는 전기를 가진 알갱이가 지구의 대기에 부딪쳐서 생기는 거야.

태양에서 솟아나는 전기를 가진 알갱이로 인해 생기는 가스를 '**태양풍**'이라고 하는데,
바람처럼 지구에 몰려들어.
알갱이의 온도는 약 **100,000℃**나 되어서 아주 뜨겁지!

지구 속에는 전기가 흐르고 있는데,
마치 커다란 자석과 같아서
전기의 알갱이는 북극이나 남극 주위의 하늘로 끌어당겨져.

오로라는 지구를 뒤덮는 대기가
태양의 뜨거운 공격으로부터 지켜 주고 있다는 증거야.

자연 기상 오로라

세차게 출렁이는 빨강이나 초록, 핑크 오로라 빛은
북극이나 남극에서 볼 수 있어.
밤하늘의 커튼처럼 아름답지.

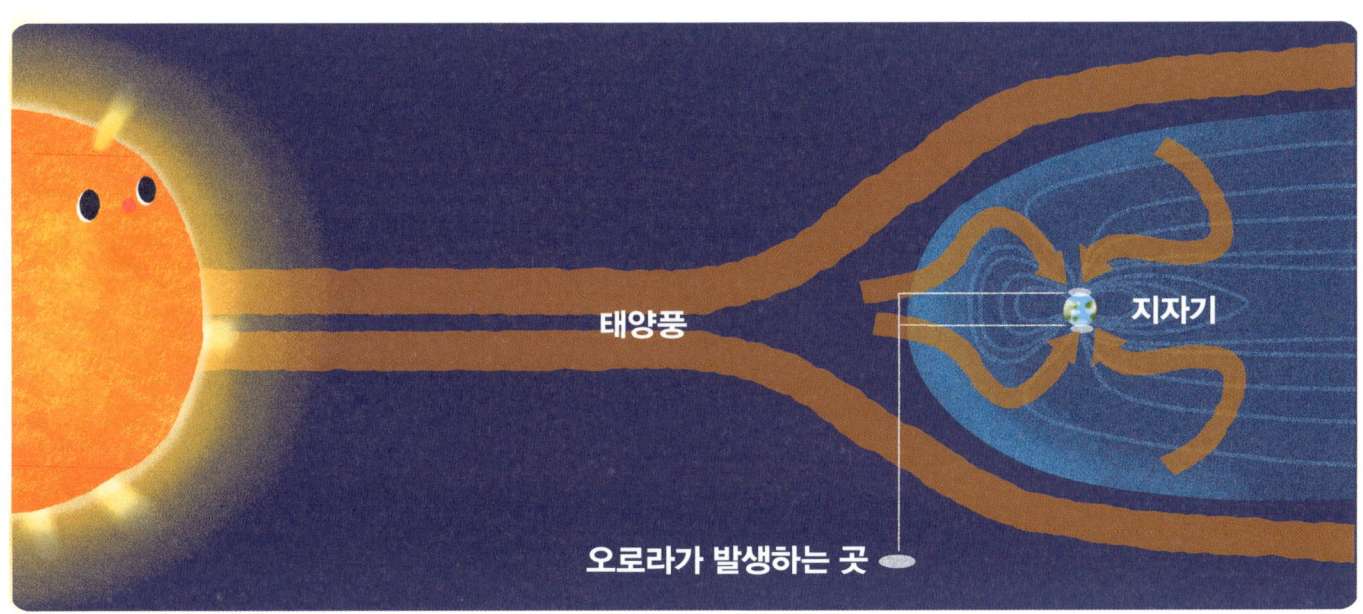

태양풍   지자기

오로라가 발생하는 곳

눈은 왜 내릴까?

| 답 | 구름 속에서 언 결정이 떨어져 내리는 거야. |

구름은 아주 작은 물 알갱이로 이루어져 있어.
높은 곳의 하늘은 공기가 아주 차갑기 때문에
구름 속에 있는 물 알갱이가 얼어서
얼음 알갱이로 바뀌지.

얼음 알갱이는
주위의 물 알갱이와 부딪치며
조금씩 커져서 눈의 결정이 돼.

커진 얼음 알갱이가
무거워지면 눈이 되어 내려.

얼음 알갱이의 형태는 육각형.
그러니까 물 알갱이가 부딪쳐서
커짐에 따라 예쁜 육각형의
결정이 되는 거야.

눈의 결정은 하늘의 온도나 습도에 따라
형태가 여러 가지로 바뀌니까
지금의 하늘 상태를 알 수 있지.

눈이 내리는 날의 장면은 아주 조용해.
내려서 쌓이는 눈에 소리가 흡수되기 때문이야.

자연 / 기상 / 눈

태풍과 회오리는 무엇이 다를까?

> **답**
> 태풍은 바다 위,
> 회오리는 땅 위에서 생겨.

태풍

태풍은 태양의 빛에 의해 따뜻해진
바다 위에서 생겨.
바닷물이 증발하면 수증기가 돼.
많은 수증기를 머금은 공기는
하늘로 올라가 비구름이 되지.
비구름은 지구가 돌아가는
힘의 영향으로
소용돌이를 치면서 커져.
따뜻하고 축축해진 공기를
더욱더 빨아들이면
바람도 강해져서 태풍이 되는 거야.

태풍의 눈

회오리

회오리는 땅에서 가까운 작은 소용돌이가
상공으로 빨려 올라가면서 생겨.
빨려 올라갈 때
가늘고 길게 늘어져서
강한 소용돌이의 회오리가 되는 거야.
커다란 회오리는
지구 위에서 부는 바람 중에서 가장 강하고,
자동차나 집도 날려 버릴 수 있어.

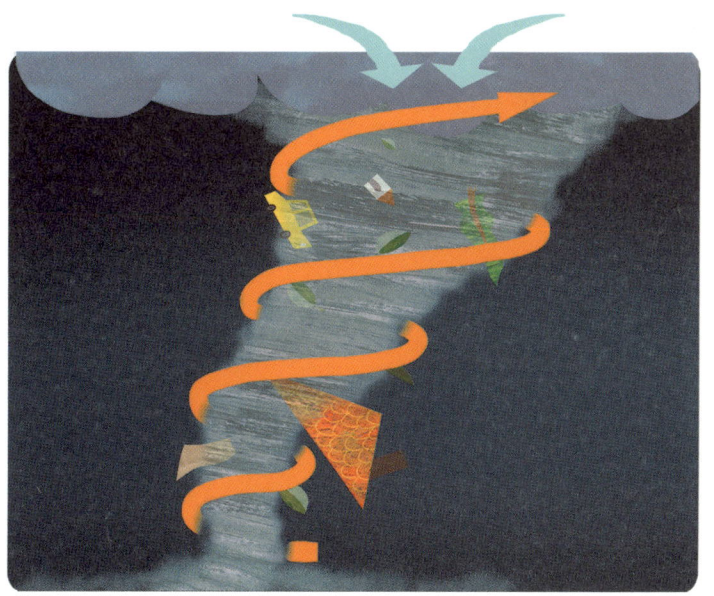

날씨는 왜 변할까?

> **답** 공기가 움직이고 있기 때문이야.

지구는 '**대기**'라고 하는 공기층으로 뒤덮여 있어.

땅 가까이의 대기는 차가운 공기가 따뜻한 공기 쪽으로
흘러가려는 특징이 있어.
대기의 흐름이 바람을 만들어 내지.

공기가 위쪽으로 흘러가는 곳은 날씨가 나빠지기 쉽고,
공기가 아래쪽으로 흘러가는 곳은 날씨가 좋아지기 쉬워.
그러니까 공기가 움직이면 날씨가 변하는 거야.

우리나라 가까이의 하늘 높은 곳에서는 서쪽에서 동쪽으로 커다란 대기가 흘러가.
이 바람을 '**편서풍**'이라고 불러.

일본에서도 상공에서 '편서풍'이 불고 있어서
오늘 오사카에서 비가 내리면, 내일은 도쿄에서 비가 내리곤 하지.

하늘을 보면 내일 날씨를 알 수 있을까?

비늘구름(비가 돼.)

양떼구름

회색 차일 구름

삿갓구름(비가 돼.)

소나기구름
(큰비를 뿌려.)

뭉게구름(맑아.)

> **답**
>
> ## 내일 날씨는 구름과 관계가 있어.

날씨가 변할 때 구름은 움직이면서 늘거나 줄고, 형태나 색이 변해.
하늘에 뜬 구름은 모두 다 똑같지 않아.
구름의 차이를 신경 써서 보면 누구나 내일 날씨를 알 수 있을지도 몰라.

참고로 구름의 종류는 구름이 생기는 높이에 따라서도 구분이 되지.

生物

동물

P.30 동물의 **수**는 얼마나 될까?
멸종 위기에 처한 주요 동물

P.32 동물에게도 **가족**이 있을까?

P.34 동물은 **잠**을 얼마나 잘까?
여러 동물의 수면 시간

P.36 동물은 **밤**이 되면 무엇을 할까?

P.38 바다에 사는 동물은 **밤**이 되면 무엇을 할까?

P.40 동물은 **꼬리**가 있는데 왜 사람은 없을까?
사람에게도 꼬리가 있다는 거 알아?

개

P.42 개의 기분 좋은 듯한 **몸짓**은 알고 있는데 또 다른 몸짓이 있을까?

새

P.44 **철새**는 어디에서 와서 어디로 갈까?
새의 이동을 살펴보자.

식물 / 곤충

P.46 **벌레**는 왜 **나무**에 모여들까?
더 알고 싶은 수액

P.48 추워지면 왜 **잎**은 떨어질까?
잎의 색은 왜 변할까?

> **답** **지금까지 발견된 동물은 154만 종이야.**

세계 공통의 이름(학명)이 붙여진 동물의 수야.
아직 발견되지 않은 동물도 많아.

매년 약 **20,000종**의 새로운 동물이 발견되고 있어.

한편 환경 파괴 등에 의해
1년에 **40,000종**이나 되는 동물이 멸종되고 있어.

생물 동물 수

동물의 수는 얼마나 될까?

■ 멸종 위기에 처한 주요 동물

지금 **41,000종** 이상의 동물이 멸종 위기에 처해 있어.
(2022년 국제자연보전연맹 IUCN 데이터)

아시아코끼리 대왕판다 북극곰 수마트라오랑우탄 사자 넓적부리황새

참고로 사람도 여러 장소에 살고 있어.
사람은 지구상에 전부 **80억** 명 있어!

동물에게도 가족이 있을까?

답 사람의 가족과 비슷한 점도 있고, 다른 점도 있어.

고릴라(위험할 때 지켜 줘)
고릴라의 아빠는 무슨 일이 있으면 가족을 구해 줘.

생물 / 동물 / 가족

침팬지 (형제끼리 놀아)
형이나 누나랑 술래잡기를 하고 놀아.

박쥐 (함께 잠을 자)
가족이 거꾸로 매달려서 잠을 자.

해달 (함께 잠을 자)
바다에서 떠내려가지 않도록
가족이 손을 잡고 잠을 자.

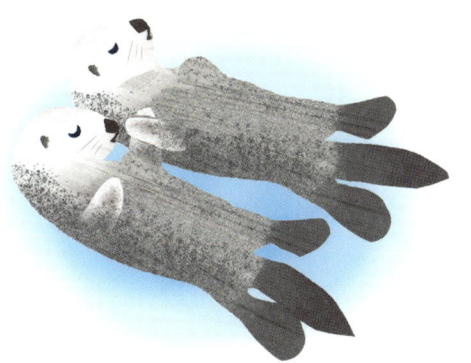

사향뒤쥐 (엄마가 함께 이동해)
엄마와 아이가 함께 외출을 해.

동물은 잠을 얼마나 잘까?

> **답** 살고 있는 장소나 종류에 따라
> 전혀 달라.

잠을 자는 시간이 아주 짧은 생물은
야생에서 적의 표적이 되기 쉬운 동물.

예를 들어 야생의 기린은 선 채로 **20분** 정도의 잠을 하루에 여러 번 자.

하루 종일 거의 자는 것은 코알라.
게으른 게 아니라 이유가 있어.
코알라가 먹는 유칼립투스에는 독이 있어서 몸속에서 독을 없애기 위해
에너지를 많이 사용하는 거야.

사람은 푹신푹신한 이불 위에서 잘 수 있으니 정말 행복한 거야.

■ 여러 동물의 수면 시간

> **답** 아주 캄캄해야 움직이는 동물도 있어.

생물 / 동물 / 밤

하마 (이동을 해)
피부가 아주 약해서
낮에는 물속에 있고,
밤이 되면
이동을 하지.

올빼미 (밤이 활동 시간이야)
커다란 눈은 어두운 곳에서도 잘 보이고,
날개를 퍼덕이는 소리도 안 나지.
밤에 라이벌이 자고 있는 사이에 먹이를 찾아.

두더지 (구멍에서 살짝 나와)
눈이 거의 보이지 않지만 밝으면 힘들어해.
어두워진 것을 확인하고 나면
밤사이에 지렁이나 곤충을 찾아다니면서 먹어.

답 독특한 수면을 취하거나, 계속 헤엄치는 동물도 있어.

생물 / 동물 / 밤

향유고래(선 채로 자)
사람과 같이 폐로 호흡을 해서
가끔씩 수면으로 올라가 숨을 쉬어야만 해.
잘 때도 친구들과 모여 수면 근처에 서서 잠을 자.

상어(계속 헤엄치지 않으면 죽어)
상어는 아가미에 물이 계속 들어가지 않으면 안 되는 생물이야.
잘 때도 계속 헤엄을 치지.
그래서 푹 자지 못해.

돌고래(뇌를 반씩 쉬고 있어)
돌고래도 사람과 같이 폐로 호흡을 해서
가끔씩 숨을 쉬는 게 필요해.
그래서 물속에서 완전히 잠을 잘 수가 없어서
잘 때에는 뇌를 반씩 쉬고 있어.
오른쪽 뇌가 잘 때에는 왼쪽 눈,
왼쪽 뇌가 잘 때에는 오른쪽 눈을
감고 있지.

동물은 꼬리가 있는데 왜 사람은 없을까?

답: 옛날에는 있었기 때문에 뼈는 남아 있지만 필요 없어져서 사라진 거야.

꼬리는 균형을 잡거나,
가지 등에 칭칭 감고 매달리거나, 기분을 전하기도 하지.
덥수룩한 꼬리는
몸에 말아 따뜻하게 하기도 하는 등
여러 역할을 해.

사람은 손으로 균형을 잡을 수 있고,
평평한 곳에서 생활하지.
그리고 기분도
손짓이나 몸, 표정, 말로
전할 수가 있으니까
진화하면서 꼬리는 필요 없어져서 사라진 거야.
동물 중에서는 꼬리가 없는 생물이 더 드물지.

■ 사람에게도 꼬리가 있다는 거 알아?

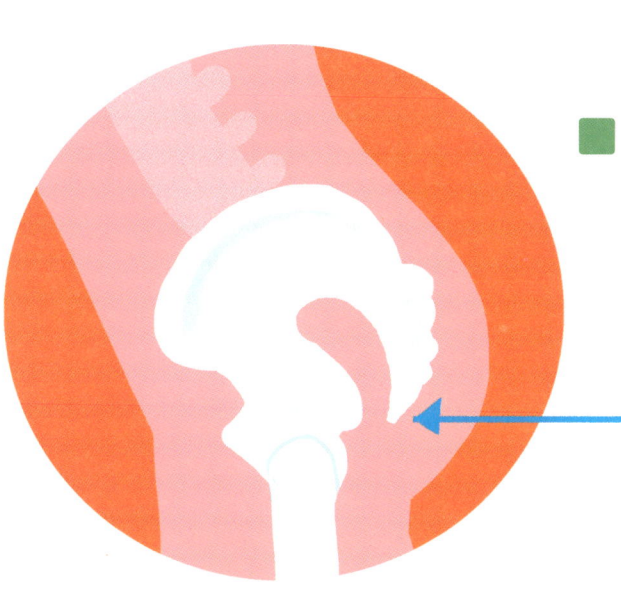

사람도 꼬리가 완전히
사라진 것은 아니야.
척추뼈의 가장 아래,
'**꼬리뼈**'라고 하는
뾰족한 뼈가 남아 있지.

개의 기분 좋은 듯한 몸짓은
알고 있는데
또 다른 몸짓이 있을까?

답

개는 꼬리와 몸을 사용해
기분을 전달하지.
여러 몸짓을 알고 더 친해져 보자.

'고개를 갸우뚱할 때'
소리가 들려오는 장소를 찾고 있는 거야.
개는 고개를 갸우뚱하며 귀의 좌우 위치를 바꾸거나,
안테나처럼 여러 방향으로 움직이면서
소리를 잘 듣고 있어.
사람에게 들리지 않는 '초음파'도
들린다고 해.

'하품을 크게 할 때'
졸린 것뿐만은 아니야.
졸릴 때나, 다른 개나 사람의 하품이
옮을 때도 있지만 다른 경우도 있어.
곤란할 때 그 기분을
숨기기 위해서도
하품을 해.

푸아아아아

'쿠션이나 담요를 긁적긁적'
선조의 야생 흔적이야.
옛날에 야생에서 생활하던 때에 개는
흙을 파서 구멍을 만들어 쉬었어.
개는 자주 자니까 잠을 자는 장소에
아주 신경을 많이 쓰지.

긁적 긁적 긁적 긁적 긁적

철새는 어디에서 와서 어디로 갈까?

> **답**
> 북극에서 남극까지
> 갔다가 돌아오는 새도 있어.

많은 새들이 계절마다 사는 장소를 바꾸고 있어.
종류에 따라 이동하는 장소나 거리는 제각각이야.
방향을 아는 것은 태양이나 별의 위치 등을 표시로 삼고 있기 때문이라고 해.

겨울이 되면 우리나라에 날아오는 것은 **백조**.
수천 킬로미터의 거리를 V 자가 되어 날아오는 것은
앞의 새가 만든 공기의 흐름을 타고 편하게 날기 위해서야.

백조

벌레는 왜 나무에 모여들까?

답 수액을 빨아들이기 위해서야.
수액은, 나무에게는
흠집을 소독해서 고쳐 주는 약이야.

상수리나무나 졸참나무의 수액을 빨아들이기 위해서
장수풍뎅이, 사슴벌레, 벌, 나비 등
여러 벌레가 몰려들어.

하지만 나무는 벌레를 모여들게 하기 위해서
수액을 내뿜는 게 아니야.

수액은 가지가 꺾어지거나, 흠집이 생긴 곳을
소독해서 고쳐 주기 위해 나오는 거야.
사람이 상처가 나면 피가 나서 굳는 것과 같아.

■ **더 알고 싶은 수액**

수액을 맛있게 먹는 것은 벌레뿐만이 아니야.
단풍나무에서는 달콤한 수액이 많이 나와.
이것을 바짝 조린 것이 '메이플시럽'이야.
모두 먹어 본 적 있겠지?

감시자

> **답** 잎의 역할이 달라지기 때문이야.

잎은 식물이 크게 자라도록
태양 빛의 에너지를 받아 필요한 에너지를 만들어.
뿌리에서 흡수한 물과 공기 중의 이산화 탄소를 사용해
잎에서 영양을 만들지.
그런데 가을이 되어서 받게 되는 태양 빛이 약해지면 임무를 끝내고 시들어 떨어져.

잎이 떨어지기 때문에 추운 계절인 겨울에
뿌리가 건조해지지 않게 지킬 수도 있는 거야.

■ 잎의 색은 왜 변할까?

잎이 초록색인 것은 '엽록소'라는 초록색의 원료가 많이 있기 때문이야.
가을이 되어서 대기의 온도가 낮아지면 그 원료가 만들어지지 않아.
그때까지 숨겨져 있던 노란색의 원료인 '카로티노이드'나,
나뭇잎에 남아 있던 영양을 원료로
빨간 '안토시안'이 만들어져서 뚜렷하게 드러나니까 색깔이 변하는 거야.

몸

구조

P.52 우리 **몸속**이
물로 이루어져 있다는 게 사실일까?

P.54 **뼈**는 전부 몇 개 있을까?
키는 왜 크는 걸까?

P.56 **눈**은 왜 두 개 있을까?
자기 눈으로 확인해 보자.

P.58 **귀**를 틀어막아도 왜 소리가 들릴까?
귀를 틀어막고 소리를 내 보자.

P.60 지금 몇 시 정도인지 어떻게 **시간**을 알까?

P.62 음식이 **대변**이 될 때까지는
얼마나 걸릴까?

활동

P.64 **뇌**는 머릿속에서 무엇을 하고 있을까?

P.66 긴장을 하면 왜 **소변**이 마려운 걸까?

P.68 **근육**은 어떤 살일까?

P.70 **피부**는 무엇을 위해 있을까?

우리 몸속이 물로 이루어져 있다는 게 사실일까?

> 답
절반 이상 물로 이루어져 있어.

나이나 성별에 따라 양은 다르지만
우리의 몸은 물을 많이 함유하고 있어.

뼈에도 22% 있어!

아기	아이(유아)	마른 어른	남자 어른	여자 어른	살찐 어른	할아버지·할머니
80%	65%	65%	60%	55%	50%	50~55%

우리는 매일 많은 물을 몸에 넣거나 내보내면서 생활하고 있어.
그러니까 물을 마시는 것은 아주 중요해.

~ 어른 ~

넣는 물
음식 1,200mL
음료 1,000mL
몸속에서 만들어지는
물 300mL

넣는 물 2,500mL

내보내는 물
소변 1,400mL
땀 600mL
숨 400mL
대변 100mL

내보내는 물 2,500mL

'하' 하고 내쉰 숨에도
하루에 캔 음료
하나 정도의 수분이
포함되어 있어.

뼈는 전부 몇 개 있을까?

> **답**
> 아기 때에는 300개 정도.
> 어른이 되면 200개 정도로
> 수가 줄어.

웬걸, 아이의 뼈가 훨씬 많아.

몸이 성장함에 따라
하나로 연결되는
뼈가 있기 때문이야.

■ 키는 왜 크는 걸까?

우리의 키가 자라는 것은
뼈가 조금씩 늘어나고 있기 때문이야.
뼈의 끄트머리는
조금 부드러운데
그게 늘어나면서 단단해져.
대개 **17~18세** 정도까지
늘어나.

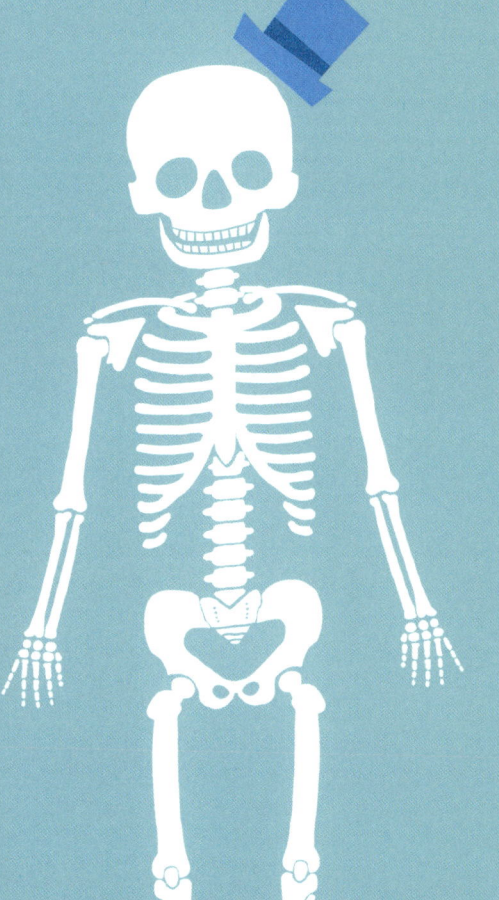

몸 | 구조 | 뼈

눈은 왜 두 개 있을까?

답 두 개가 있어서 물건이 입체적으로 보이는 거야.

■ 자기 눈으로 확인해 보자.

한쪽 눈을 감고
양손의 검지를
맞닿게 할 수 있을까?

양쪽 눈으로 보니까
물건이 얼마나 멀리 있는지도
계산할 수 있는 거야.

눈앞에 있는 것을
오른쪽 눈으로만 볼 때,
왼쪽 눈으로만 볼 때,
한쪽 눈씩 확인해 봐.
조금 어긋나 보이지 않아?

이렇게 어긋나는 것을 뇌가 곧바로 계산해서
물건을 입체적으로
보이게 하고 있어.

영화나 게임에서
튀어나와 보이는 3D는
이 구조를 잘
활용하고 있지.

귀를 틀어막아도 왜 소리가 들릴까?

> **답** 귀에서 말고
> 뼈를 통해 들리는 소리도 있기 때문이야.

소리는 공기의 진동.
한 번에 많은 소리를 알아들을 수 있는 귀는,
귀 안에 있는 고막에서 공기의 진동을 느껴.
여러 길로 소리를 나눠 뇌에 신호를 보내고 있지.

■ 귀를 틀어막고 소리를 내 보자.

들리지?
소리가 두개골을 흔들어 진동이 귀 안에 전해져서 들리는 거야.
항상 우리가 듣고 있는 자신의 목소리는
공기의 진동음과 뼈의 진동음이 섞인 거야.
녹음된 자신의 목소리를 들었을 때 '평소와 다르네!'라고 느끼는 것은
공기의 진동음만으로 이루어져 있기 때문이야.

지금 몇 시 정도인지 어떻게 시간을 알까?

답 몸속에는 '체내 시계'가 있기 때문이야.

체내 시계는 선천적으로 몸에 갖춰져 있는 시계야.
매일 시계를 보기 때문이 아니야.

체내 시계는 하루의 생활에 맞춰 리듬을 만들고 있어.
24시간보다도 조금 긴 리듬이야.

하루 24시간에 맞추기 위해
매일 리셋 해 주는 것이 아침의 빛.
밝아지면 뇌에 '아침이 왔다'고 전해서
리셋 된 체내 시계가 다시 나아가기 시작하는 거야.

시계는 몸의 여러 장기에도 각각 있어.
아침밥을 먹으면 시계가 시작하지.

예를 들어
아침의 빛으로 오케스트라의 지휘자가 움직이기 시작해
아침밥으로 여러 악기의 연주를 시작하지.

하루의 시작이 중요한 거야.

음식이 대변이 될 때까지는 얼마나 걸릴까?

답

24시간 이상 걸려.
거리라면 8~10미터. 아주 길지!

입에 덥석 들어간 음식은
식도를 지나
위에서 질퍽질퍽해져.

그 후 소장에서
음식의 영양을
몸속에 흡수하면서
나아가지.

그리고 대장에서
천천히 수분이 걸러져.

마지막에는 엉덩이까지 옮겨가
대변이 되지.

대변은 음식의 찌꺼기지만
절반 이상은 수분으로 이루어져 있어.
세균도 섞여 있지.
장 속에는
많은 세균이 있는데
음식을 부드럽게 하는 것을
도와주고 있어.

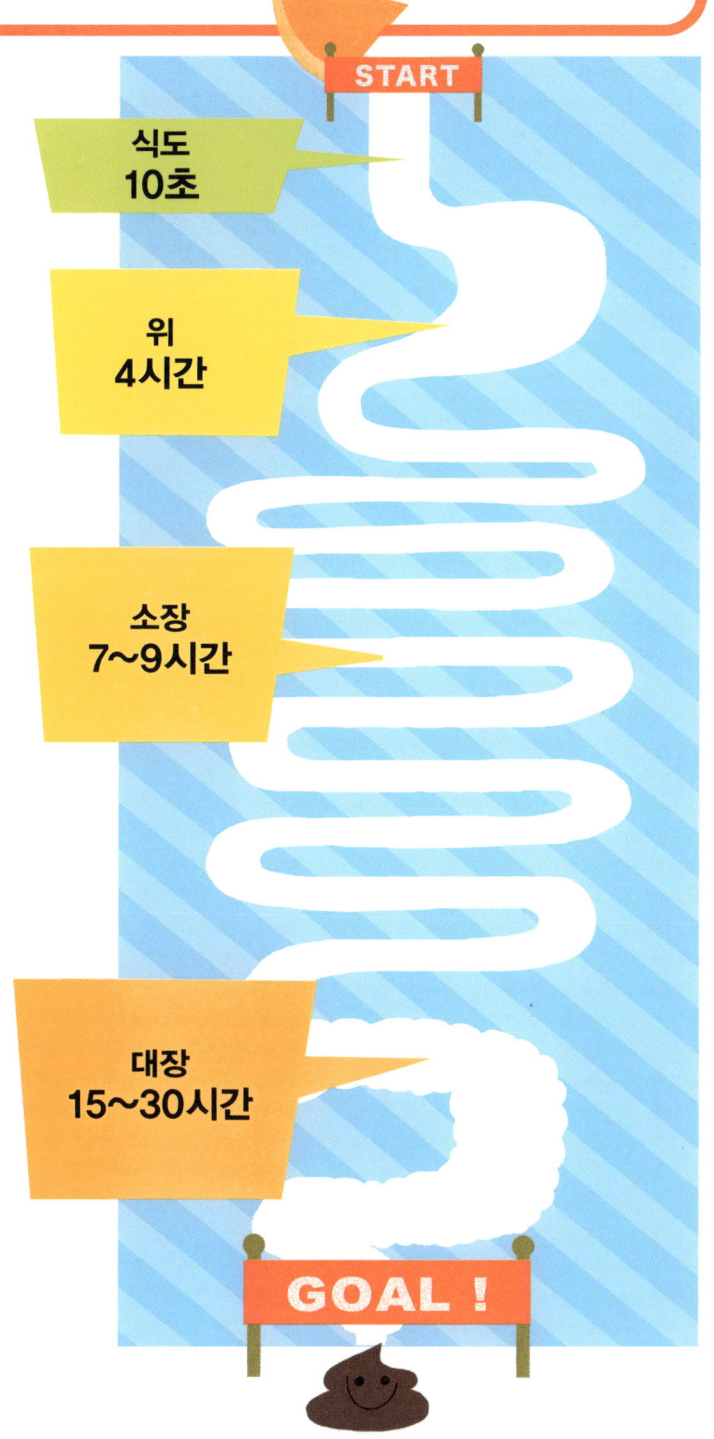

START
식도 10초
위 4시간
소장 7~9시간
대장 15~30시간
GOAL !

뇌는 머릿속에서 무엇을 하고 있을까?

> **답** 뇌는 마치 울트라 슈퍼컴퓨터 같아.

눈이나 귀, 몸속에서 전해진 신호를 받아들이거나,
몸에 움직이라는 명령을 하거나, 몸속을 컨트롤하고 있어.

뇌는 마치 푸딩 같을까? 크림색으로 부드럽지.
무게는 약 **1,150~1,500그램.**
몸의 무게에 비해 뇌의 무게가 가장 무거운 동물은 사람이야.

대뇌
생각하거나, 이야기하거나, 듣거나,
외우거나, 움직이게 하거나,
몸의 사령탑
역할을 하고 있어.

물건을 만들어.
만져 보고 알아.
이야기해.
봐.
외워.
들어.

소뇌
운동 방법을 외우거나,
몸의 균형을 맞추고 있지.

긴장을 하면 왜 소변이 마려운 걸까?

> **답** '소변을 보고 싶다'고 느끼는 부분과
> '긴장했다'고 느끼는 부분이 같기 때문이야.

추우면 소변이 마려운 횟수가 늘어나는 경우가 있지.
몸의 온도를 조절하기 위해 소변을 저장하는 방광이 줄어들어서
많이 저장해 두지 못하기 때문이야.

이 몸의 온도를 조절하는 뇌의 위치와
긴장했다고 느끼는 뇌의 위치가 같아.
(뇌에 있는 **'시상 하부'**라고 불리는 위치)

긴장하면
심장이 두근두근하거나,
식욕이 없어지는 경우도 있지.
뇌의 똑같은 부분이
활동하기 때문이야.

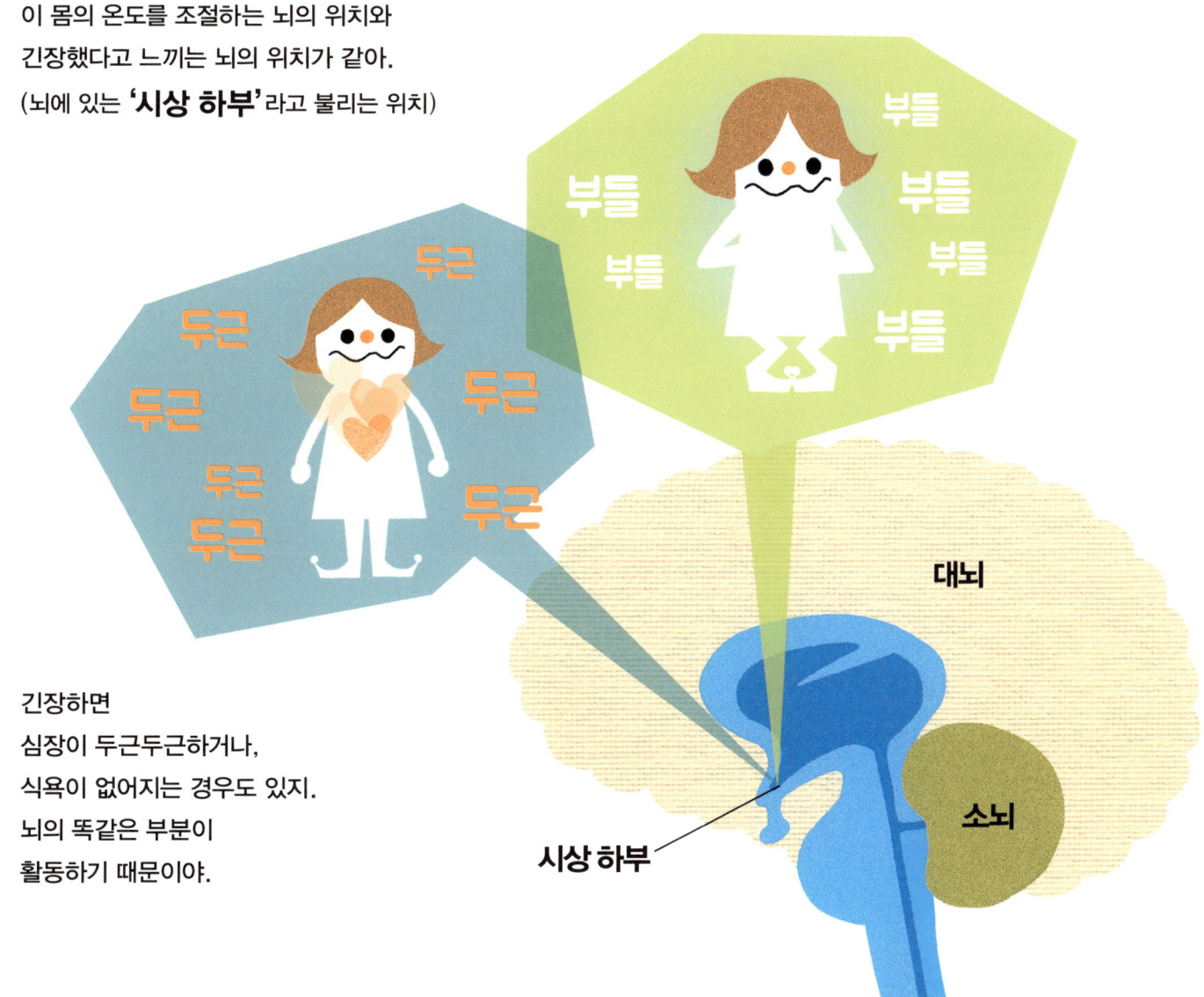

근육은 어떤 살일까?

> **답** 몸을 떠받치고, 움직이게 해.
> 자신의 생각과 상관없이
> 계속 움직이는 근육도 있어.

자신의 생각대로 움직이는 근육

이름이 붙어 있는 것만 해도 **400개**가 있어.

뇌 → 근육

팔을 접어 알통을 만들어 봐.
근육이 움츠러들면서
옆의 뼈를 가까이 끌어당겨
굽힐 수가 있어.

느슨하게 움직이는 근육

'움직여!'라고 머리로 생각해서
움직이는 게 아닌 근육.
혈관, 식도, 위, 장은
자신의 생각과 상관없이
움직이고 있어.

계속해서 움직이는 근육

심장의 근육도 자신이 움직이게 하거나, 멈추게 하지 않아.
언제나 움직이고 있지.
운동하거나 긴장하면
산소가 많이 필요해져서
산소를 운반할 피가 빨리 전해지도록
심장이 두근두근 움직이는 거야.

피부는 무엇을 위해 있을까?

> **답** 피부의 여러 신경이 우리의 몸을 지켜 주고 있어.

예를 들어 '아파!' 하고 느끼지 않으면
상처가 나도 알아차리지 못해 분명 큰일이 생길 거야.

몸 활동 피부

그 밖에도
푹신푹신, 매끈매끈 등 만졌을 때의 감각.
차가움, 뜨거움 등 온도의 감각. 눌렀을 때의 감각.

뜨거울 때 땀을 흘리거나,
추울 때 털구멍을 움츠러들게 해서
열이 도망가지 않게 해 줘.

무엇보다
태양의 열, 건조,
바깥의 세균으로부터
몸을 지켜 주고 있지.

아파! 차가워! 뜨거워!

아프다고 느끼는 신경

차갑다, 뜨겁다고 느끼는 신경

생 활

생활

P.74 **물**은 하루에 얼마나 사용할까?
여러 상황에서 물의 양을 살펴보자.

P.76 **옷**은 왜 사람만 입을까?

P.78 왜 **여름**은 덥고, **겨울**은 추울까?

과학

P.80 **불**은 얼마나 뜨거울까?

P.82 **비누**를 사용하면 왜 깨끗해질까?

P.84 **지우개**는 어떻게 지워질까?
색연필은 왜 지우개로 지워지지 않을까?

기계

P.86 **일기 예보**는 어떻게 할 수 있을까?
여러 가지 관측 데이터가 있어.

P.88 **인터넷**은 뭘까?

어떤 것을 할 수 있을까?
세계와는 어떻게 연결되어 있을까?

물은 하루에 얼마나 사용할까?

> **답**
>
> 한 사람이 하루에 사용하는 물의 양은
> **2리터** 페트병
> **112.5병 분량**(약 **225리터**)이라고 해.

물은 매일 생활 속 여러 곳에서 사용되고 있어.
모두 오늘 어떤 때 물을 사용했어?

■ 여러 상황에서 물의 양을 살펴보자.

화장실 대변
12~20리터

손 씻기
12리터

이 닦기
6리터

설거지
60리터

화장실 소변
8~12리터

세탁
110~120리터

샤워
36리터

목욕
180리터

옷은 왜 사람만 입을까?

> **답**
> 옷을 입고 있는 것은 사람뿐만이 아니야.
> 예를 들어 동물은 몸의 '털'이
> 옷을 대신하고 있어.

동물들은 온몸에 난 털에 의해
추위나 더위, 상처로부터 자신의 몸을 지키고 있어.

하지만 사람에게는 몸을 지켜 줄 정도의 털이 없으니까 대신 옷을 입게 된 거야.
옷은 몸을 지켜 주는 것뿐만 아니라
나다움을 표현할 수 있는 역할도 해.

모두 매일 어떤 옷을 입고 있을까?
다른 곳에서 살아가는 사람들과 다른 옷을 입거나,
친구와 옷을 맞춰 입기도 하겠지.
그리고 자신에게 어울리는 옷을 마음대로 고를 수도 있을 거야.

스스로 옷을 입는 생물은 지구상에 사람밖에 없어.

SUMMER ~ 계절 ~ WINTER

여름옷 입은 사람　　**여름털의 동물**　　**겨울옷 입은 사람**　　**겨울털의 동물**

참고로 여름과 겨울에 털이 새로 나는 동물도 많아.

왜 여름은 덥고,

> **답** 태양이 나와 있는 시간의 길이가
> 여름과 겨울이 다르기 때문이야.

지구는 항상 조금 기운 채 태양의 주위를 빙글빙글 돌고 있어.
1년에 걸쳐 태양의 주위를 한 바퀴 도니까, 태양의 빛이 비치는 곳이 바뀌어서 계절이 생기는 거야.

여름은 지구의 북반구에 태양의 빛이 많이 비치니까 북반구에 있는 한국은 낮이 길어.
그러니까 태양이 지기까지의 시간이 길지.
태양에 비치는 땅은 뜨거워져서 뜨겁게 느끼는 거야.

겨울은 지구의 남반구에 태양의 빛이 많이 비치니까 북반구에 있는 한국은 밤이 길어.
그러니까 태양이 금방 져 버리는 거지.
태양이 나와 있는 시간이 짧으니까 춥게 느끼는 거야.

겨울은 추울까?

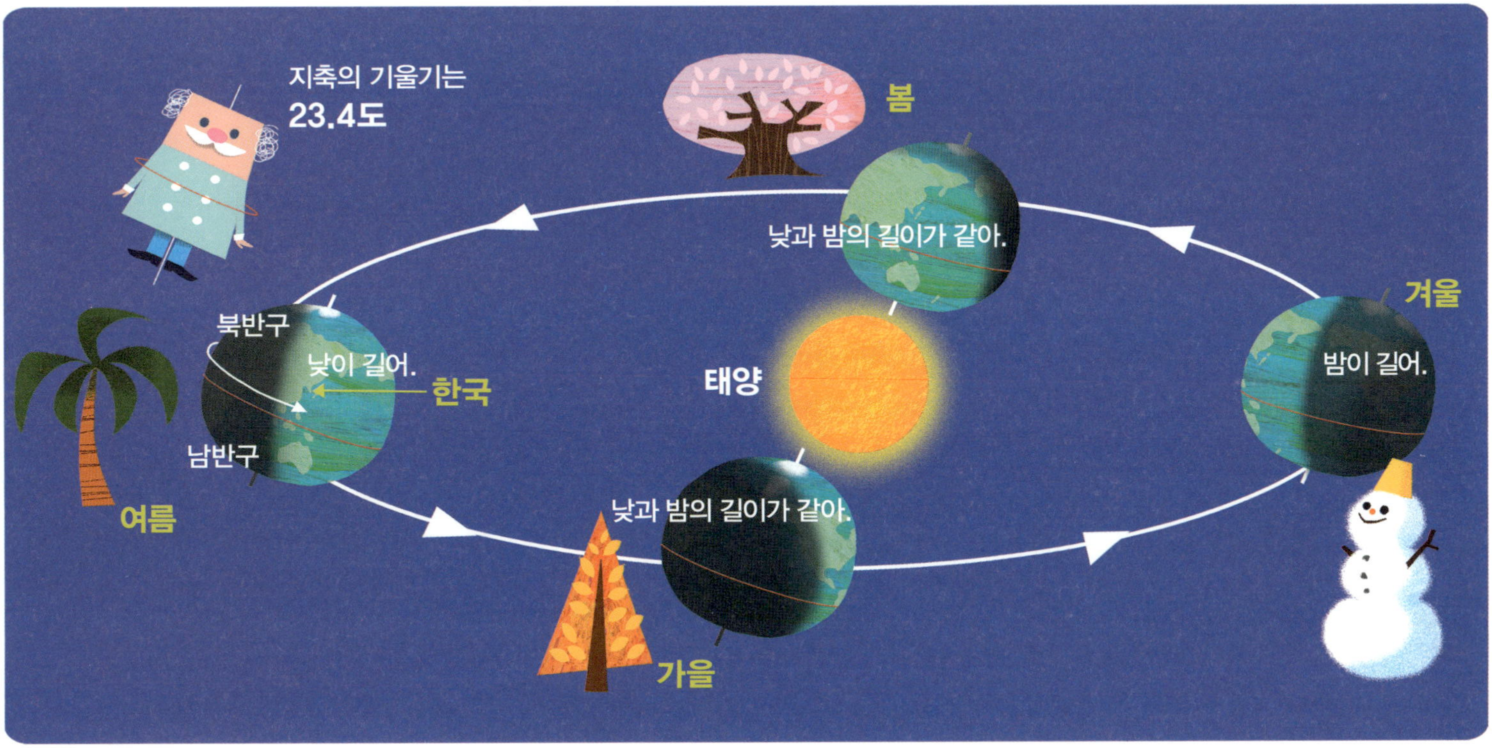

지축의 기울기는 **23.4도**

봄
낮과 밤의 길이가 같아.

북반구
낮이 길어. ← 한국
남반구

여름

태양

겨울
밤이 길어.

낮과 밤의 길이가 같아.
가을

생활 / 일상생활 / 여름·겨울

불은 얼마나 뜨거울까?

> **답** 예를 들어 뜨거운 음료의 온도는 60°C 정도인데, 불은 **1,500°C**나 돼.

하지만 이 세상에는
더 뜨거운 것이 많아.

예를 들어 지구.
'핵'이라고 불리는 지구의 중심은
쇳덩어리 상태로 **6,000°C**.
이것은 지구가 생겨난 시대에
뜨겁게 녹은 상태가 남아 있는 거야.

또 하나는 태양.
태양의 표면 온도도 **6,000°C**.
태양의 중심은
무려 **1,500만°C**나 된다고 해.
너무 뜨거워서
도저히 가까이 갈 수가 없어.

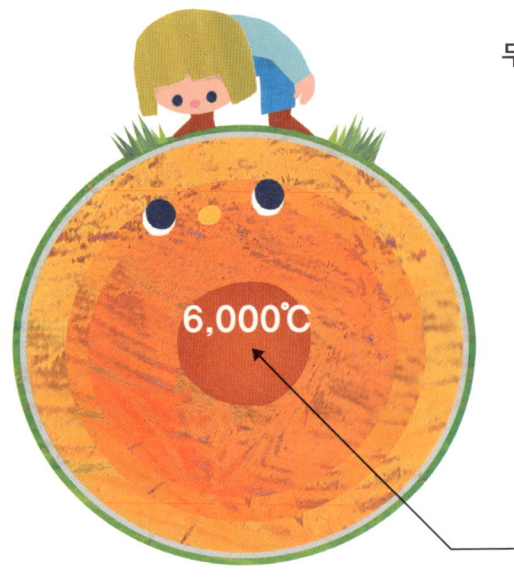

중심(핵)

6,000°C
태양의 표면

1,500만°C

비누를 사용하면 왜 깨끗해질까?

> **답**
> 비누에는
> 기름때와 물을 사이좋게 만드는
> 기능이 있기 때문이야.

물로 몸을 씻어도 좀처럼 벗겨지지 않는 때가 있어.

몸에 붙은 때가 잘 안 벗겨지는 것은
몸에서 나온 기름과 섞여 있기 때문이야.
기름은 물과 사이가 안 좋아서 물을 튕겨 내 버려.

하지만 비누는 기름과도, 물과도 사이가 좋아서
가운데 들어가 들러붙게 할 수가 있어.

비누 거품을 낸 물은
기름에 섞인 때에 잘 달라붙으니까
때를 깨끗하게 씻겨 내 주지.

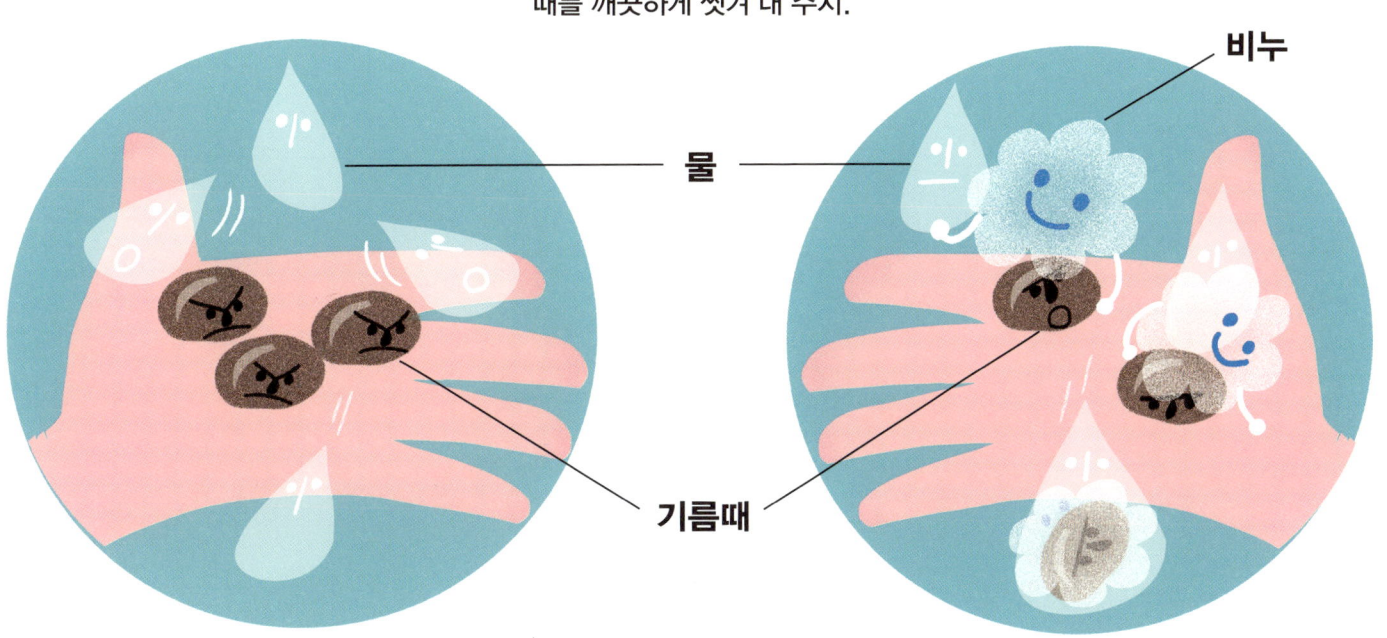

지우개는 어떻게 지워질까?

> **답** 지우개로 지울 수 있는 것은
> 연필로 쓴 글자뿐이야.

연필로 글자를 쓸 수 있는 이유를 알아?
연필의 심은 까칠까칠한 종이 표면에서
깎이면 검은 가루가 종이에 달라붙어. 그래서 글자가 써지는 거야.

지우개는 고무가 작은 요철로 되어 있어서
종이보다도 연필심의 검은 가루가 달라붙기 쉬운 구조로 되어 있어.
그러니까 지우개로 문지르면 종이에 달라붙었던 검은 가루만 벗겨져 글자가 지워지는 거야.

참고로 연필심의 재료는 흑연과 점토.
두 재료를 섞고서 구운 다음 굳혀서 만드는 거야.

■ 색연필은 왜 지우개로 지워지지 않을까?

연필과는 다른 재료로 만들어졌기 때문이야.
색연필 심의 재료는 활석, 납, 안료, 풀.
이것은 연필의 심보다 부드러워서
종이에 찰싹 달라붙어.
그래서 지우개로는 좀처럼 지울 수 없는 거야.

일기 예보는 어떻게 할 수 있을까?

> **답**
> 많은 데이터를 모아서
> 컴퓨터가 계산한 결과를 바탕으로
> 날씨 전문가가 예보를 하고 있어.

오늘의 날씨나 일주일의 날씨를 가르쳐 주는 일기 예보.
100년 이상 전부터 관측되고 있어.

지금은 매일, 정해진 시간에, 정해진 예보로
전국 각지에서 날씨의 상태를 조사하고 있어.

대기의 온도, 대기의 압력, 바람의 방향, 바람의 강도, 그 밖에도 알아보는 것은 많아.

산이나 바다, 우주 등 여러 곳에서 모은 데이터를 사용해서
컴퓨터가 일기도를 만들고 있어.
날씨 전문가는 이 일기도 등을 검토해 보고
날씨 정보를 알기 쉽게 전해 주는 거야.

■ 여러 가지 관측 데이터가 있어.

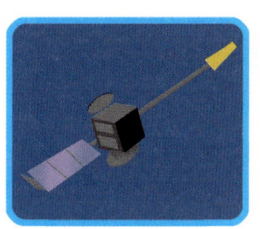
기상 위성

GPS 존데

레이더

바람 프로파일러

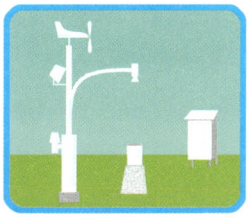
지역 기상 관측 시스템

해양 기상 관측선

기상청

슈퍼컴퓨터

인터넷은 뭘까?
어떤 것을 할 수 있을까?

> **답** 전 세계의 컴퓨터를 연결하는 아주 큰 정보의 통로야.

컴퓨터나 스마트폰에는 '네트워크'라고 불리는 구조가 있어서
전 세계의 컴퓨터와 연결될 수가 있어.
컴퓨터에서는 정보를 모아 계산할 수 있어.

커다란 망(인터넷)의 이미지를 떠올려 보자.

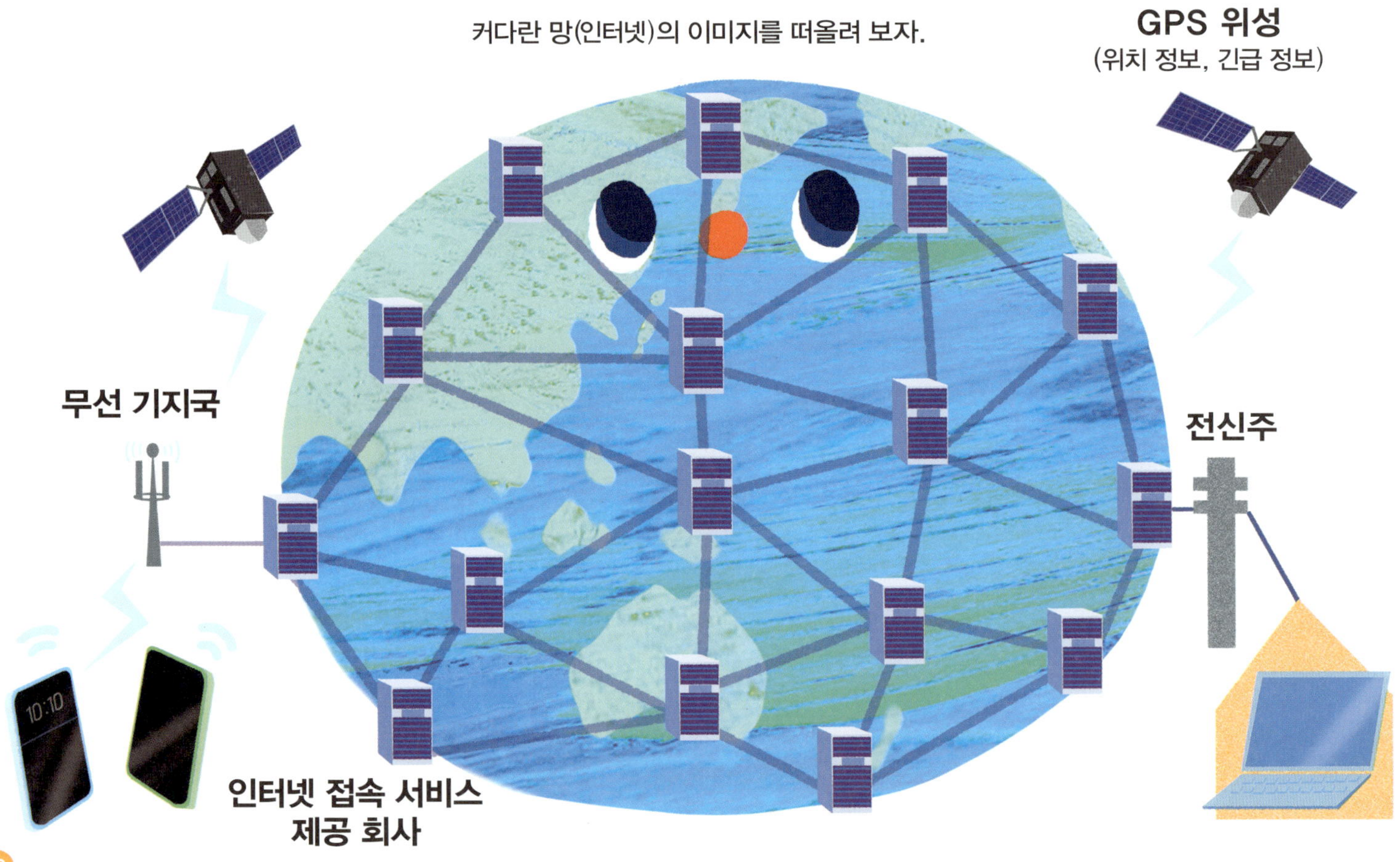

GPS 위성
(위치 정보, 긴급 정보)

무선 기지국

전신주

인터넷 접속 서비스 제공 회사

예를 들어 학교 컴퓨터로 조사하고 싶은 것을 검색하면 어딘가의 컴퓨터에 연결돼.
컴퓨터는 조사하고 싶은 것의 정보를 열거나, 혹은 다른 컴퓨터에 연결돼.
거기에서 정보를 얻고 돌아오는 거야.
그물눈이라서 여러 길에서 어디로든 연결될 수가 있어.
그렇게 전 세계를 연결하는 것이 인터넷이야.

인터넷에서 할 수 있는 것은 **'정보 교환'**.
재미있는 영상을 보거나,
떨어져 있는 친구와 게임을 하거나, 쇼핑을 즐기거나 할 수 있지.
인터넷의 구조를 사용해 무엇을 할지는
우리에게 달려 있어.

🟧 세계와는 어떻게 연결되어 있을까?

웬걸, 전 세계의 바다 안은 '해저 케이블'로 온통 둘러싸여 있어.
빛을 사용해 데이터를 옮기는 케이블이야.
'위성 통신'보다 더 빠르고, 날씨에도 좌우되지 않으니까
사실 세계는 대부분 바닷속에서 연결되어 있는 거야.

해저 케이블

찾아보기

■ **단어로 찾아보자.**

ㄱ

가스	8, 18
게임	56, 88
계절	44, 48, 76, 78
공기	20, 22, 24, 44, 48, 58
구름	20, 26
귀	42, 58, 64
근육	68, 70
꼬리	40, 42

ㄴ

날씨	24, 26, 86, 88
남극	18, 44
남반구	10, 78
낮	10, 36, 78
뇌	38, 56, 58, 60, 64, 66, 68
눈	38, 56, 64

ㄷ

대기	18, 24, 26, 48, 86
대변	52, 62, 74
돌	8, 12
동물	30, 32, 34, 36, 38, 40, 64, 76
땀	52, 70
땅	12, 16, 22, 78

ㅁ

물	12, 20, 38, 48, 52, 74, 82

ㅂ

바다	8, 14, 16, 22, 32, 38, 86, 88
바람	18, 22, 24, 86
바위	12, 16
밤	10, 36, 38, 78
별	8, 10, 44
북극	18, 44
북반구	10, 78
비	8, 24, 26
빛	22, 48, 60, 78, 88
뼈	40, 52, 54, 58, 68
뿌리	12, 48

ㅅ

사람	30, 32, 34, 38, 40, 42, 46, 64, 76
산	14, 16, 86
색	26, 48
소리	20, 36, 42, 58
소변	52, 66, 74
소용돌이	8, 22
숨	38, 52
시간	34, 60, 62, 78, 86
식도	62, 68
식물	12, 48
심장	66, 68

ㅇ

아이	32, 52, 54
아침	10, 60
어른	52, 54
에너지	34, 48
영양	12, 48, 62
온도	18, 20, 26, 48, 66, 70, 80, 86
우주	8, 86
위	62, 68

ㅈ

잠	32, 34, 38, 42
장	62, 68
지구	8, 10, 16, 18, 22, 24, 78, 80

ㅊ

철	8, 80

ㅋ

컴퓨터	64, 86, 88

ㅌ

태양	8, 10, 18, 22, 44, 48, 70, 78, 80
털	70, 76

ㅍ

피	46, 68
피부	36, 70

ㅎ

하늘	18, 20, 22, 24, 26
해저	14, 88
화석	12, 16
흙	12, 42

| **지은이의 말** |

'왠지 아는 것 같기도 한데, 잘 모르겠어.'
이런 것이 머릿속에 많이 있을 거예요.

그럴 때에는 잠시 이 그림책을 펼쳐 주세요.
그 답은 의외로 간단할지도 몰라요.

우리 주변에서 일어나는 여러 가지 일들은
의외로 비슷하거나, 연결되어 있거나,
사실 관계가 다 있어요.

자연도, 생물도,
우리의 몸도, 생활도.

그러니까 신기한 답을 하나 알게 되면
여러 가지의 발견을 할 수 있을 거예요.

'알고 있는 것'보다도
'알지 못하는 것'이 더 많을 거예요.

'알게 된 것'을 어떻게 '느끼는지',
그 두근거림이 무엇보다 중요해요.

어린이도, 어른도, 언제나, 어디에서나.

그림·글 테즈카 아케미

| 감수자의 말 |

우리 주변에는 신기한 것들이 많이 숨겨져 있어요. 그 신기한 것들을 알아채고, 주의 깊게 들여다보면 생각지 못한 세계가 펼쳐져서 분명 놀랄 거예요. 여러분이 아무렇지 않게 '왜?'라고 느끼는 것이 호기심의 출발이에요. 여러분이 어떤 두근두근한 세계를 발견해서 어떤 이야기를 새로 만들어낼지 기대가 돼요.

오사키 아키히로

'어째서? 왜 그러지? 신기하네?' 이렇게 여러분의 머릿속에 '?'가 떠오르는 경우가 있지 않나요? 답을 알지 못하면 마음이 답답할지도 몰라요. 하지만 '?'는 새로운 세계에 내딛는 첫걸음! 새로운 자신과 만날 기회예요! 자기 안의 '?'가 풀리면 분명 이 세계가 더욱 좋아질 거예요. 이 책이 새로운 자신과의 만남에 도움이 된다면 아주 기쁠 거예요.

사토 히로아키

이 책을 읽기 전에 여러분이 생각했던 '왜?'에 대한 답은 발견되었나요? 어쩌면 하나의 답은 찾았어도 더 많은 새로운 '왜?'가 여러분의 머릿속에 흘러넘칠지도 몰라요. 그렇다면 감수자의 한 사람으로서 저는 굉장히 기쁠 것 같아요.

쓰보이 준코

여러분이 매일 건강하게 지내고 있다면 그것은 여러분의 '몸'이 자기도 모르게 열심히 운동하고 있다는 증거예요. 우리의 '몸'은 아주 가까운 존재이면서 그 구조는 '왜?'를 느끼게 하는 것투성이예요. 그런 '몸'에 궁금증을 느꼈다면 이 책을 펼쳐 주세요. 혹시 답을 찾지 못했다면 스스로 답을 찾을 방법을 생각해 주세요. 그것은 대발견의 첫걸음일지도 몰라요.

마쓰야 료스케

[감수]

오사키 아키히로 (おおさき あきひろ)

1976년 일본 고치현 출신. 와세다대학 이공학술원 조수. 일본과학미래관 과학커뮤니케이터 등을 거쳐 2016년부터 오차노미즈여자대학 사이언스 & 에듀케이션 연구소의 이과나 과학 교육 연구 활동을 일본에서 전국적으로 하고 있어요.

사토 히로아키 (さと ひろあき)

1985년 일본 가고시마현 출신. 도쿄공업대학 대학원 생명이공학연구과 수료. 노랑꼭지유령멍게, 별불가사리를 사용해 세포 주기 제어에 대해 연구한 뒤, 오차노미즈여자대학 사이언스 & 에듀케이션 연구소에서 이과 교육, 해양 교육의 실천·연구를 하고 있어요.

쓰보이 준코 (つぼい じゅんこ)

1989년 일본 아이치현 출신. 도호쿠대학에서 지구과학(구조지질학)을 배우고 민간 기상회사에서 일한 뒤, 2016년부터 2019년까지 일본과학미래관 과학커뮤니케이터로 활동하였고 지금은 기상예보사, 방재사로 일하고 있어요.

마쓰야 료스케 (まつや りょうすけ)

1988년 일본 도쿄도 출신. 신경과학자, 과학커뮤니케이터, 게이오기주쿠대학 대학원 이공학 연구과 박사 과정 수료, 박사(이학). 일본학술진흥회 특별 연구원, 일본과학미래관 과학커뮤니케이터 등을 거쳐 지금은 대학 연구원으로서 과학 기술의 사회 응용이나 보급 전개에 종사하고 있어요.

참고 자료

《세계 지도 그림책》,《물의 보이지 않는 곳을 들여다보았더니》,《처음 만나는 몸 그림책》,
《처음 만나는 지구 그림책》,《처음 만나는 날씨 그림책》,《알수록 신기한 동물 그림책》,
《나의 첫 우주 그림책》 파이인터내셔널
《하루 한 페이지로 초등학생부터 머리가 좋아진다! 과학의 신기함 366》 기즈나출판
《과학의 왜? 신사전 : 이과 뇌가 자란다!》 수험연구사
《즐겁다! 과학의 호기심 왜 어째서?》(즐겁게 배우는 시리즈) 고교서당
《왜? 어째서? 과학 이야기》 학연플러스
《왜? 어째서? 도감》 영강서점
《왜? 어째서? 계절의 신기함》 나쓰메사
《왜?의 도감》 학연
《무엇이든! 가득! 어린이 대도감》 하출서방신사
《밤의 생물 도감》 주부의벗사
왜 무엇 학습 상담 – 학연 키즈 네트 https://kids.gakken.co.jp/box/
수도 생활 가이드 | 홍보·공청 | 도쿄도수도국 https://www.waterworks.metro.tokyo.lg.jp/kouhou/pamph/guide/

일러두기 | 한국어판에는 국내 실정에 맞춰 원서와 다르게 편집된 부분이 있습니다.

알수록 신기한
초등 과학 그림책

1판 1쇄 인쇄 2023년 11월 22일
1판 1쇄 발행 2023년 11월 30일

지은이 테즈카 아케미
펴낸이 권영선

펴낸곳 내일도맑음
등록 2020년 9월 17일 제2020-000104호
주소 서울시 성동구 왕십리로 31길 9-50
전화 070-8151-0402 **팩스** 02-6305-7115
이메일 flywriter@naver.com

ⓒ 내일도맑음 2023 Printed in korea.

ISBN 979-11-93461-00-6 (77400)

값은 뒤표지에 있습니다.
잘못 만들어진 책은 구입처에서 교환해 드립니다.